私が訪れたフランスの美しい家

フレンチシックな
インテリア

Le chic
français

Prologue

フランス中部、中央山塊がそびえるオーヴェルニュ地方。
運命とは不思議なもので、15 年前、私はこの地に暮らす夫と出会い、
人生をともに歩むことを決めた。
もともと南仏のインテリアが好きだった私は、プロヴァンスを何度も訪れ、
やがてフランス中のインテリアを見る機会に恵まれた。

私のインテリアへの興味は、幼い頃から育まれた。
小学 6 年生のとき、パイン材の鏡に一目惚れしたのがすべての始まり。
それ以来、空間の美しさに魅了され、中学時代に初めて手に取った
インテリア雑誌の世界にさらに心を奪われた。
そこには、自分の日常とは異なる洗練された空間が広がり、
私の中に大きな憧れを生み出したのだ。
やがて 20 代後半になってアンティークの魅力に引き込まれ、
「好きなもの」にさらにこだわり始めると、
次第にその世界観にふさわしい空間を求め、
ついには住まいの DIY に夢中になった。

ありがたいことにインテリア誌にも
自宅を掲載していただく機会に恵まれるようになったのだが、
気づけば人生は新たな章へと進み、私はフランスの地で
多くの友人宅を訪れ──今、こうして
フレンチシックなインテリアに包まれている。

Instagram @france_mokuren、@france_bleuets
Blog https://ameblo.jp/petit-village-france
インテリア雑貨サイト https://bleuets-france.com
Web 雑誌 https://www.salon-rustique.com

contents

002   Prologue

014   アンティークショップオーナー
         ヴァネッサさん
         **プロが修復した気品ある
アンティークの家**

030   シャンブルドットオーナー
         ピエレットさん
         **フレンチナントリーの
シャンブルドット**

044   元ウエディングデザイナー
         メアリーさん
         **白の美しさを堪能する
住まい**

058   グラスアーティスト
         ルチオ&ローランさん
         **芸術家が
つくりあげた「作品」**

072   レンタカー会社役員
         オーローさん
         **パリジェンヌが紡ぐ
洗練された空間**

086   有閑マダム
         Xさん
         **納屋から生まれ変わった
理想の邸宅**

102   旅作家
         木蓮
         **フランスの田舎暮らしを
楽しむ古い建物**

014

030

044

058

072

086

102

column

028　部屋づくりのヒントを探して
　　　カフェ探訪　vol.1

042　部屋づくりのヒントを探して
　　　カフェ探訪　vol.2

054　住まいの顔
　　　フランスの美しい記憶　窓

070　空間のアクセント
　　　フランスの美しい記憶　看板

084　DIYで彩る私の暮らし
　　　Bricolage＝自分で作る

096　日本より大きく個性的
　　　フランスの美しい記憶　扉

french scenery　フランスの風景

026　石造りの壁と南仏の花たち
040　緑の手が生み出す憩いの庭
068　壁の色使いが個性的なカフェ
082　石造りの壁とラベンダー

110　Epilogue

インテリアとは自分らしさを映し出す
鏡のようなもの

　今回、私が訪れたのは、友人宅をはじめご紹介いただいた6軒の美しい住まい。それぞれに異なる魅力を放つ、アンティークのプロの家、フレンチカントリーのぬくもりあふれる家、そしてアーティストの創造性が息づく家——。どの住まいも唯一無二の個性を持ち、まるで住む人の人生そのものが映し出されているかのようだった。

　フランスのインテリアと日本のインテリアには、文化的背景や生活様式の違いが色濃く反映されている。
　まず感じたのは、空間の捉え方の違いだ。日本では玄関があり、靴を脱ぐ習慣が根付いているため、外と内が明確に分かれている。
　一方、フランスの住まいでは、玄関扉を開けるとすぐにリビングやキッチンが広がり、室内と庭が1つの空間のようにつながっていることも珍しくない。まるで外と内が対話しているかのように、光と風を存分に取り入れたシーンが広がっている。

　また、日本の住まいは限られたスペースを最大限に活かす工夫が求められ、収納を重視したシンプルで機能的なデザインが多い傾向にある。
　逆にフランスの田舎の住まいは、ゆったりとした配置と長い時を経た家具の風合いが、それぞれの家に独自のストーリーを添えている。

　何よりも印象的だったのは、住まいに表れる「生き方」だ。フランスの家々は、流行や周囲の評価に左右されることなく、その人の価値観と美意識が反映された空間となっている。
　一つとして同じスタイルはなく、それぞれの住まいが語りかけてくるようなぬくもりに満ちていた。インテリアとは、ただの装飾ではなく、自分らしさを映し出す鏡のようなもの。
　私はこれから巡る家々の扉を開き、そこで紡がれる物語にみなさまといっしょに耳を傾けたいと思う。

暮らしをつくる手——フランスの Bricolage
（ブリコラージュ）

日本でも DIY（ブリコラージュ）を楽しむ人が増え、家を自分好みに生まれ変わらせる人が多くなった。

しかし、フランスの DIY はさらに本格的である。日本の DIY よりも広義に捉えており、ガーデニングやコンフィチュール（ジャム）作りもその一環とされる。

そこに暮らす人々は、自らの手で住まいをつくりあげることを楽しみとし、家全体を丸ごとリフォームすることも珍しくない。休日ともなれば、床を張り替えたり、トイレを増設したり、まるでプロの職人のように家の改装に励む人々。中には、200 年前に建てられた家を"修復"することに生きがいを感じる人までいる。

それには大きな理由があり、フランスでは業者に依頼してもすぐには来てもらえなかったり、約束の日を忘れられたりと、日本では考えられないような出来事が日常的に起こっているためだ。そのため、「それなら自分たちでなんとかしよう」という精神が育まれたのかもしれない。

そんな文化を象徴するのが、フランスのブリコラージュショップ（DIY 専門店）だろう。

初めて訪れたときは、その圧倒的な品揃えに驚かされた。

また、古い家具を大切にするフランスでは、壊れた椅子やソファを修繕しながら使い続けるのが一般的。椅子の張り替えを学ぶ人も多く、お気に入りの布を選び、自らの手で仕立て直すことで、家具に新たな命を吹き込んでいく。私自身もアンティーク家具を購入し、気分に合わせて色を塗り替えて楽しんでいるが、今では DIY が暮らしの一部となった。

本書で紹介するのは、そんな DIY の力によって生まれ変わった素敵な住まい。

住む人のこだわりが詰まった空間を、どうぞ楽しんでほしい。

ブロカント──フランス文化の中に息づく思い出

　フランスの文化に深く根付いているブロカント（蚤の市）。
　歴史や伝統、ライフスタイルを感じることのできる場所であり、週末になると、全国のどこかで開かれている。

　パリはもちろん、リヨンの Les Puces du Canal（カナルの蚤の市）では週3回、プロヴァンスの町、L'Isle sur la Sorgue（リル・シュル・ラ・ソルグ）では、毎週日曜日にブロカントが開かれ、地元の人々や観光客でにぎわっている。
　また、家の中で使わなくなった品々を売る Vide-grenier（ヴィド・グルニエ）と呼ばれるフリーマーケットも、掘り出し物を見つけられる楽しさを提供していて人気だ。
　私が渡仏した20年前は日曜日に開いている店舗が少なかったため、ブロカントに出かけるのが週末の楽しみであった。
　こうした古い品々は、人によって「がらくた」に見えるかもしれない。
　しかし、それらの品々は、ただの「物」ではなく、家族の歴史や思い出が宿るものとして、多くのフランス人に大切にされている。祖父母や親が使っていた品々には、過去と現在をつなぐ特別な価値があり、見る人にあたたかな感情を抱かせる。

　ブロカントは、買い物を超えた「社交の場」としても機能している。
　地元の人々と観光客が集い、会話を楽しみながら過ごす場は、フランスの文化において欠かせない存在。
　物を大切にし、過去を尊重する気持ちが込められた蚤の市は、今もなおフランスの人々にとって特別な場所となっている。

Le chic français

「フランスでの暮らし」と聞けば
多くの人が華やかなパリの日常を
思い浮かべるだろう。
しかし、田舎に暮らすと
まったく異なる世界が広がっている。
そこにはデパ地下もコンビニもない。
あるのは、自然とともに生きる
静かで力強い日常だ。
畑を耕し、ニワトリを飼い
四季折々の恵みを手にする。
そうした営みの延長にDIYの精神が
根付いている。

住まいとは、ただ「所有するもの」ではなく
「自らの手で育てるもの」。
古い家を修繕し、必要なものを
自分たちで作りながら生きるスタイルは
憧れでありながらも驚きの連続だった。
家への思いが、フランスでは
男女の別なく深く根付いている。

次ページからは、そんな価値観を共有する
友人と知人のインテリアを紹介したい。

Chez Vanessa

南西フランスの各地でアンティークショップを営むヴァネッサは、インテリアのみならず、ファッションセンスも抜群。絵画や鏡が大好きで、それらを家中に美しく飾っている。

A　壁に沿って置かれた美しいコンソールは、ヴァネッサ自身の手により、ペイントを施したもの。インテリアは季節ごとのディスプレイだけでなく、昼と夜の違いを楽しみたいそう。

01　アンティークショップオーナー
ヴァネッサさん

プロが修復した気品あるアンティークの家

パートナーとともに自らの手で改装した家には、彼女が修復したアンティークが並ぶ。ヴァネッサのセンスに惹かれ、ショップには海を渡って多くのイギリス人も来店。

自らリフォームした家を
よみがえらせた古い家具とともに楽しむ

　南西フランスの小さくも活気ある美しい村Issigeac（イシジャック）。村の片隅にひっそりと佇む1軒の小さなアンティークショップ——その美しい店主がヴァネッサだった。

　彼女はアンティーク家具を見つけ、ただ販売するだけではない。時を経て傷ついた家具に新たな命を吹き込み、かつての輝きを取り戻させる腕の持ち主。彼女の手にかかれば、傷ついた家具は再び目覚め、色褪せていた塗装は新たな物語をまとい、まるで時をさかのぼるかのように美しくよみがえる。なかでも独自の技法で彩るペインティングの美しさは目を見張るものがあり、フランス国内のみならず、イギリスやイタリアからも多くの人々が彼女の店を訪れるほどである。

　そんな彼女の店をたびたび訪れ、アンティークに囲まれた時間を楽しんでいたところ、ヴァネッサが「素敵な家を見つけたの。自分たちでリフォームして、引っ越すのよ」と目を輝かせながら話してくれた。その日から、新たな住まいがどのように生まれ変わるのかを思い描きながら、完成を待ちわびる日々が続いた。

　そして、ついにその日が来た。初めて訪れた彼女の家——そこはまるで夢のような空間であった。

　扉を開けると、目の前に広がるのは圧巻のリビング。フランスでは珍しいことではないが、彼女の家には玄関と呼ばれるものはない。日本の感覚では驚くことに、扉を開けば、そこはすぐに部屋の中。靴を履いたまま室内に入る文化があるフランスでは、よくあるつくりでもある。だからこそ、扉の前に敷かれた玄関マットが、その境界線をそっと示していた。

　次に目に飛び込んできたのは、優雅なコンソールと、リビングの壁を彩る3枚のアンティークガラス扉。それらは、かつて由緒ある邸宅で使われていたものをヴァネッサが見つけ、自らの家へと迎え入れたものだという。扉の向こうには、彼女が愛してやまないアンティーク食器が整然と並び、手前に置かれた両面サイドボードには、時に美しい焼き菓子やアペリティフの前菜がそっと添えられ、空間に豊かな表情を与えている。

上：玄関扉を開けるとすぐにEの空間が。ガーデンから室内に入ってくる女性がヴァネッサ。下左：ところどころに飾られた鏡が映し出す景色も巧みに計算されている。下右：小さな丸テーブルは、1つのアートのように花が飾られていた。

016

D 小さめのダイニングテーブルは夫婦で食事をするためのもの。室内で使う布類はほぼアンティーク。シックな色合いがアンティークの家具と調和している。

石壁にぴったりな
アンティークの扉を
壁面のデコレーションに

フランスの人たちは、以前の家にあった扉や古い窓枠を取り入れるのがとても上手。ヴァネッサも古い窓の前に小さなソファベッドを置いて。ここから庭を眺め、ゆったりとした時間を過ごすのがお気に入り。

上：リビング壁面に取り付けた扉には、アンティークガラスがはめこまれている。下：そこかしこの小さなソファやチェアは、ゲストに好きな場所でくつろいでもらうため。落ち着いた赤と青色の組み合わせに、はっとする。アンティークの照明だけでなく、ナチュラルな照明も巧みに取り入れ、絶妙なバランスで室内の印象に変化を与える。

こちらはゲスト用のベッドルーム。リビングに併設してつくられ、夜になればカーテンでプライベート空間へ。独特な間取りもフランスならでは。

　ゲストルームはアイアンとガラスの仕切りを使い、シンプルかつ洗練された仕上がりだ。リビングと見事に調和しており、まるでひとつの空間のような印象を与えているが、カーテンを下ろすことでプライベート空間も確保することができる。

　各所の小さなテーブルには、四季折々の花々が優雅に飾られ、そのセンスが光る。壁には彼女の友人である画家の作品が並び、点在する小さな鏡は光を映し出し、空間全体にやわらかなぬくもりを添えている。

　何より驚いたのは、この家がもともと牛舎であったという事実だ。自らの手で改装し、壁を築き、部屋を作り、水回りに至るまで、すべてつくり上げた。

　店を営みながらこれほどの大仕事を成し遂げる彼女のエネルギーには、ただただ感服するばかりだ。

別の村にあるヴァネッサのアトリエ

古いアパルトマンを少しずつ改装し、家具が最も美しく映える空間となったアトリエ。彼女がリペアしたアンティーク家具がいくつも飾られ、1つひとつが物語を語りかけてくるような空間だ。床の質感、壁紙の色合い、光の入り方まで計算し尽くされ、訪れる人々を魅了してやまない。最近ではアメリカ人旅行者も訪れるようになり、「この空間ごと買い取りたい」と頼んでくることもあるとか。フランスではトイレや壁面の一部に個性的な壁紙を使うのも人気。彼女の色彩へのこだわりには、私も共感する部分が多い。2人で話していると、どの色の組み合わせが美しいかといった話題になり、色に対する感性が深まるとともに、素晴らしいヒントを得ることができる。

魅力あふれる店内に
海外からもヴァネッサのファンが

　こちらはヴァネッサのアンティークショップ。でこぼこの石床の上には、外から入ってきた枯葉が自然なアクセントとなり、季節感を感じさせる。店内にはただ商品を並べるのではなく、空間ごとに一つのストーリーを感じさせるディスプレイが。アートのようにベッドのヘッドボードも飾られて、鳥かごの照明が空間にやわらかな光を投げかけていた。

　初めて彼女の店を訪れた時の感動に、今でも鮮明に覚えている。テーブルの上に灯されたキャンドル、ふんだんに飾られた植物。どれもが新鮮で、こんなお店を作りたいと思ったほど。惜しまれながらもここに閉店したが、現在は新たな店舗の計画を立てているところだそう。SNSを使わないため、ヴァネッサの店舗の情報は口コミが頼りである。

石の床、石の壁も自ら組み上げた店内。扉を開けた瞬間、誰もが息をのんでしまう。

ご主人の長年の夢だった小さなレストラン。このインテリアもヴァネッサが手がけた。扉の後ろに布を挟み、まるで壁紙のように使っているのは、原状回復を考慮したアイデア。

フランスの小さな村にあった
小さなレストラン

1 狭い店内のため大きな鏡を置いて空間を広く見せている。2 壁面に穴をあけられない場合は、立てかけたアンティーク扉に穴をあけ、照明を取り付けているのだそう。日本でも真似できるアイデア。3 時には赤い壁で大胆に仕上げることも。4 今も美しいヴァネッサはもともと客室乗務員だったという。

french scenery
フランスの風景

石壁と緑が彩る南仏の扉

column
部屋づくりのヒントを探して
カフェ探訪　vol.1

地元っ子に大人気のカフェ
Fox Coffee Shop
à Metz

メッスという街の初の独立系コーヒーショップ。店内にはアンティーク雑貨が並べられ、古い自転車やふかふかのソファがあたたかな雰囲気を醸し出す。価格も手頃で、長時間いても気兼ねなく過ごせる居心地のよさが魅力。このカフェは、駅からのアクセスも良く、メッスの人気スポットとして、老若男女に愛されている。

shop data
フォックス
add：6 Rue Gambetta, 57000 Metz
web：https://foxcoffee.fr

プロヴァンスで70年以上愛される
La Maison Jouvaud
à Carpentras

東京、名古屋、京都にも店を構える人気パティスリー「Jouvaud」は、3世代の家族が支える。こちらは、プロヴァンス・カルパントラにある店舗。まるで童話のように、「パパが作るおいしいお菓子、ママが売る色とりどりのチョコレート」という、愛情に満ちた暮らしの中で、本格的なお菓子作りが日々続けられている。

shop data
ラ・メゾン・ジュヴォー
add：40 rue de l'Évêché 84200 Carpentras
web：https://www.patisserie-jouvaud.com

02
シャンブルドットオーナー
ピエレットさん

フレンチカントリーのシャンブルドット

ご主人とともに同じ敷地内の私邸に暮らし、シャンブルドットを営む。ガーデナーでもある彼女が手がける庭は、リビングと一体となり、アルザスの花の季節を存分に楽しませてくれる。

A 中庭に面した窓は開放的。やわらかな日が差し込み、思わずうたた寝したくなる心地よさ。夏には窓を全開にし、緑と居室を一体化。

Chez Pierrette

心優しく、いつでも笑顔を絶やさないピエレット。なお、シャンブルドットとは、フランスの伝統的な宿泊施設であり、5室以下の小規模なB&B(民宿)のようなものである。フランス語で「Chambre d'hôte」と書き、「Chambre」は寝室、「hôte」はオーナーやホストを意味する。

ホスピタリティーあふれる
シャンブルドットのインテリア

　オーナーのピエレットは大切な友人であり、私がアテンドした旅を通じて出会った仕事仲間でもある。
　ある日、花が好きな私のために、ガーデン仲間のもとへと案内してくれた。そのどれもが素晴らしい庭だったが、彼女をよく知る人々は口をそろえてこう言う。
「彼女は〝緑の手(main verte)〟を持っているのよ」
　そう、ピエレットは優れたガーデナーとしても知られ、四季折々の美しさを紡ぐ庭を、愛情を込めて育てているのだ。
　彼女が営むシャンブルドットの名は「Ambiance-Jardin」──「心地よい庭」。
　その名のとおり、庭には季節ごとに多彩な花々が咲き誇り、特に６月のバラの美しさは息をのむほど。
　リビングの大きな窓越しに広がる庭を眺めながら過ごすティータイムは、旅の途中、ふっと肩の力を抜き、心を解き放つ贅沢なひとときとなるだろう。
　アルザス地方といえば、冬の訪れとともに始まるマルシェ・ド・ノエル（クリスマスマーケット）が有名である。本場ストラスブールと大人気のコルマールのちょうど中間に位置する彼女のシャンブルドットは、この時季になると予約が困難を極める。
　運よく宿泊できたなら、ぜひ庭や各部屋にそっと飾られた小さなオブジェにも目を向けてほしい。
　ピエレットは毎年、友人たちと「今年はどんなディスプレイにしようかしら？」と心躍る相談を重ね、コーヒーフィルターなど手軽に使える材料で作られた小さなオーナメントを仕立て、訪れる人々をあたたかく迎え入れてくれる。
　訪れるたびに変わる、魅力的なインテリアを見せてくれるピエレットのシャンブルドットを見てほしい。

リビングから続く庭では、庭の絵を描くなど訪れる人々が思い思いの時間を過ごす。

B 朝食がふるまわれる前の静かなひととき。鏡に映り込むグリーンが空間の美しさを引き立てる。

訪れるたびに変わるディスプレイ

上左：カントリー調のサイドボードの上にはアンティークが所狭しと並び、小さなブロカントの趣を醸す。上右：テーブルのセンスあふれるディスプレイが人々をさりげなく楽しませる。下：季節ごとに表情を変える空間。ノエルの時季には、大きなクリスマスツリーが飾られる。

　ピエレットのシャンブルドットは、扉を開ける前からすでに心を奪われる場所である。

　足を進めると、エントランスにはアンティークのガーデンツールがさりげなく配置され、その先に続くリビング兼レセプションでは、やわらかな黄色の壁があたたかな光をまといながら訪れる者を迎え入れる。アイアンの装飾やアンティーク家具が調和した室内は、どこか懐かしさを感じさせ、まるで親しい友人の家を訪れたかのような安らぎに包まれる。

　私も訪れるたびに、さまざまなヒントをもらい、インテリア談議の話題が尽きない。

　ここではインテリアだけでなく、テーブルウエアにも季節の移ろいが映し出されるのが特徴である。並べられた器やカップの1つひとつに彼女のこまやかな心配りが宿り、その時々の風情をそっと演出してくれる。

　この場所で過ごす時間は、ただの滞在ではなく、心に残る物語。特別なひとときを、ピエレットのぬくもりに満ちたシャンブルドットで、味わってほしい。

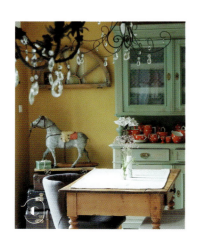

035

ゲストとおしゃべりしながら
みんなで楽しむキッチン

D：宿泊客も自由に使える共用キッチン。**1** 手作りのカウンターにはさまざまな形の花瓶が並び、季節の花が飾られる。**2** アンティークツールやキャニスターが飾られ、アンティーク好きには雑貨ショップに来たようだと心がはずむ場所になっている。

あたたかな色みの壁に癒やされるゲストルーム

各部屋は異なる壁の色であり、訪れるたびに違う部屋に泊まりたくなる魅力的な設え。ピンクを基調とした部屋には個性的なデザインのベッドヘッドボードがあり、彼女自身の手によって作られた。「Fleurs des Champs（野の花）」と名付けられた黄色の壁の部屋には、その名のとおり野の花の絵が飾られ、特にタンポポのモチーフが空間に愛らしさを添えている。テーブルには野草に関する貴重なアンティークの書物が並び、自然とともに暮らすピエレットの世界観が垣間見える。

1

自然とともに生きるガーデナーたち

　アルザスのガーデンを訪れるたび心を打たれるのは、そこに息づく自然への深い敬意である。

　特に印象的なのは、庭の隅に設置されたコンポスト（家庭から出る生ごみや庭の枯葉などを微生物の働きで発酵分解し堆肥化させるもの）の存在だ。多くの庭では目立たないように隠されがちなものだが、フランスでは、むしろ誇らしげに設えられている。

　枯れた花や剪定された枝は1か所に集められ、時とともにゆっくりと土へと還っていく。その長い時間さえも楽しんでいるかのようである。

　そこに、生活で生まれる生ごみも加わり、捨てられるだけだったものが、土壌の養分として新たな命を与えられていくのだ。

　フランスでは庭に花だけでなく野菜を植えるスタイルが人気である。色とりどりの花々の間に実る野菜たちは、庭の景観の一部であると同時に、大切な恵みとなる。このシャンブルドットでも、無農薬で育てられた野菜たちは、夫婦の食事だけでなく、訪れるお客様への食事としてもふるまわれる。

　さらには、温暖化を考慮し、ガーデンシェッドの屋根にはハーブが植えられている。風に揺れる緑が空間にさりげない彩りを添えているのだ。

　庭を単なる装飾ではなく、暮らしの一部として捉え、環境と共生していく──。

　それこそが、今の時代に求められるガーデニングのあり方なのかもしれない。

1 温暖化対策の1つとして、ガーデンシェッドの屋根にハーブを植え込んでいる。2 巨大なコンポスト。いつ訪れても感心するほど綺麗に整理されている。3 ガーデンシェッドの周りには、多種多様な草花を植栽。4 フランスの家庭菜園は「potager(ポタジェ)」と呼ばれ、単なる野菜畑ではなく、美しさと機能性を兼ね備えたデザインが特徴になっている。ピエレットの庭にも、もちろん美しいポタジェがある。

data
Ambiance-Jardin　アンビアンス - ジャルダン
12, rue Abbé Wendling
67230 - Diebolsheim,
☎+ 33 3 88 74 84 85
https://www.ambiance-jardin.com
1泊100ユーロ～

column

部屋づくりのヒントを探して
カフェ探訪　vol.2

古き良き時代に迷い込んだよう
Au Croissant Doré
à Alsace

アルザスのコルマールにあるオー・クロワッサン・ドレは、老夫婦が長年にわたって営んできた、どこか懐かしさを感じる空間。壁に飾られた古い絵画、店先のショーウインドーに飾られたアンティークのパーコレーターは、まるで時間が止まったような雰囲気が漂う。レトロかわいい空間には、いつも人々の笑い声が満ちあふれる。

shop data
オー・クロワッサン・ドレ
add：28 Rue Marchands, 68000 Colmar

フランスで最も美しい村として名高いサン・シル・ラポピーの人気のカフェ。店で一番人気なのは、ケルシー地方に伝わる「パスティス」という、ラム酒がほんのり利いたアップルパイに似たお菓子。スローフードの精神を大切にし、生産者や環境への深い配慮を持ちながら、訪れる人々に心地よいひとときを提供している。

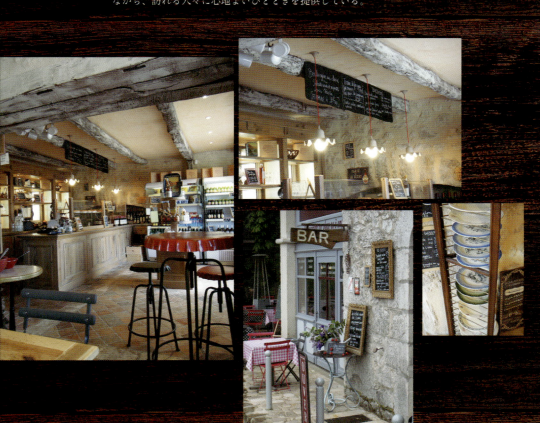

shop data
ル・サン・シル・グルマン
add：Grandroute, 46330 Saint-Cirq-Lapopie
web：http://www.lou-pastis.fr

03 元ウエディングデザイナー メアリーさん

白の美しさを堪能する住まい

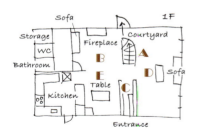
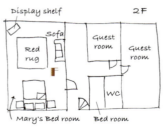

アイルランド人であるメアリーは夫婦2人暮らし。1年の半分はアイルランドに戻る。この家は思いきり趣味を楽しむための場所であり、室内も外観もガーデンも白の世界。

A 真っ白な空間にさりげなく淡いブルーやグレーを差し込むことで、空間を引き締める効果を楽しんでいる。

Chez Mary

友人たちから「白い妖精」と称されるメアリー。ファッションもインテリアも、何から何まで真っ白な世界に包まれた彼女は、かつてはウエディングドレスのデザイナーだった。

B　床のタイルの張り方を変えることで、広い部屋にメリハリを生んでいることに注目を。

シャビーシックを楽しむメアリーの白の世界

　アイルランド出身のメアリーは、もともとはウエディングドレスのデザイナーだった。フランスに家を購入し、15年。3軒のブティックを経営しつつ、フランスとアイルランドを年に何度も往復。夫婦でDIYをしながら、少しずつ家をよみがえらせてきた。

　海を越え、時間をかけてつくりあげた理想そのものの家。メアリーはパートナーと2人で「余生はフランスのこの家で」と決めている。アイルランドでは、季節を問わず同じものを食べることができるが、フランスでは旬のものを旬の時季に味わうという、その豊かな食文化にも心を打たれたのだそう。

　仕事の影響もあったのかもしれないが、メアリーのライフスタイルは、ひたすら「白」を追い求めることに尽きる。友人に誘われ、初めてメアリーの家を訪れた時、私はその真っ白な世界に驚き、思わず「天井から壁、そして家具や雑貨と、なぜ何から何まで真っ白なんですか？」と尋ねた。すると彼女は、穏やかなほほ笑みを浮かべながら答えた。

「白しかない世界に〝色〟が入ると、その物がより輝いて見えるから素敵でしょ？」

　彼女のパートナーや友人たちは、冗談交じりに「メアリーが歩くと、白い塊がパラパラと落ちるんだ」と笑う。実際、部屋のあちこちにペンキの塊が散らばっていた。それほどまでに、白が好きなのだ。

　それは飾っている雑貨にも貫かれている。アンティークの額を買い取っては白く塗り、白いお皿を集め、白い服でオシャレをする。メアリーの姿勢は、一貫して「白」への愛情に満ちているのだ。

　だが、よく見るとその白の中には、彼女が好む淡い水色やピンクのパステルトーンがさりげなく顔を出す。庭から摘んだ色とりどりの花々も、彼女の空間に素敵なアクセントを添えている。

　シャビーシックでコーディネートされ、彼女自身の明るくあたたかなキャラクターが見事に反映されたインテリア。そこはまるで、光が満ちあふれるようなまぶしくも優しい空間だ。

この日は森に咲いた水仙を一緒に摘みに行き、テーブルには春の日差しを感じる黄色い差し色が。写真右側はメアリー。

E 食器も白でほぼ統一。彩り豊かなサラダやクロワッサンで食卓を楽しむ。メアリーはベジタリアン。

E メアリーはアンティークの花瓶が大好き。パステルカラーを中心に、見つけたらすぐ購入するそう。

白に包まれた日々 ——
メアリーが見つけた理想の暮らし

　メアリーが故郷から遠く離れたこの南西フランスの小さな村に惹かれた理由。それは、この地が持つ特性にある。ここでは住民の多くが英語を話し、イギリスとフランスの文化が溶け合う場所だから。

　彼女にとって心がすっとなじみ、"終の棲家"としてぴったりだったのだ。しかも車を走らせれば、2時間ほどで海が広がり、家族や友人がいるアイルランドを感じることができる。

　ここで暮らす喜びはほかにもある。週末の楽しみは、各村で開かれるブロカント巡り。心惹かれるものに出会うと、迷うことなく手にする。その直感の鋭さが、メアリーらしさを象徴している。

　彼女が求めるのは、当然ながら白いアンティーク雑貨。真っ白な服を身にまといながら、白い雑貨や家具を眺める姿はひときわ目を引き、よく声をかけられている。気さくな彼女は、誰とでもすぐに親しくなってしまうのだ。比較的温暖な南西フランスの気候が、そんな彼女のスタイルをより際立たせている。

　フランスの田舎では、恵まれたことに、広い庭を持つ家が多い。乾燥した気候のおかげで、庭に干せば、洗濯物はあっという間に乾く。メアリーが着る繊細なレースの服やアンティークリネンも、さっと手洗いすればすぐに心地よい風に揺られて乾いてしまう。床はタイル張りのため、ほうきで手早く掃けば、すぐに清潔な空間が戻る。シンプルに暮らすことで、家は美しく保たれている。

　小さな雑貨を取り入れるたびに、クッションカバーを替えたり、器を並べかえたり。ディスプレイを変えるたびに掃除をすることさえ、彼女にとっては楽しい時間なのだろう。

　穏やかな陽光が差し込む部屋には、彼女が愛してやまない白が静かに息づいている。どれも時を経てなお美しく、白は単なる色ではなく、彼女にとって心を整え、空間に調和をもたらすもの。

　その世界の中で、メアリーはシンプルで洗練された人生を紡いでいる。

C：玄関を入ると、真っ白なメアリーの世界が広がる。D：時間があるとゆったりくつろぐリビング。ただ、彼女はとてもアクティブでいつも楽しそうにくるくると歩きまわっている。メアリーはアンティークソファや椅子をリメイクするのが得意。

「ここに暮らす人たちは、料理やDIYなどを通じ、なんでも手作りをしているわ。みんながアーティストなのよ」。階段を上がってから右に向かうとお風呂場とゲストルームがある。この日、メアリー宅に別世界な空間が！ 私たちを驚かせようと、部屋をピンクに染めて待っていてくれていたのだ。ベースは白でも、飾るものやラグの色で、全く違う雰囲気に。左：まるで夢のようにやわらかな光に包まれた、ロマンチックなベッドサイド。

SLOW・ORGANIC・LIFE

「ゆったり、自然に、自分の人生」メアリーがこれからの人生に
込めたシンプルで深い意味を持つ3つのキーワード。

column
住まいの顔
フランスの美しい記憶　窓

1

開口部としてだけではなく
デザイン性も表現する窓

　街を歩くと目に飛び込む色とりどりの窓や鎧戸。アイアンや木製のフレームが建物に優雅な表情を与え、時には花が窓辺を飾り、そこに暮らす人々の息遣いを感じさせる。そんな写真をwebに公開するたび、「こんな窓に憧れます」という声が日本から届く。きっと、多くの日本人が心惹かれる特別な魅力があるのだろう。

　フランスの窓は、単なる開口部ではなく、外と内を優美につなぐ存在。アイアン装飾が施された窓、やわらかな光がこぼれるカフェの窓。機能性だけではない美の哲学が宿る。差し込む光は、部屋の表情を刻々と変える。その光景は、まるで時を映すキャンバスのようで、日々の暮らしに詩的なニュアンスを添える。

　窓は、その土地の文化や歴史を色濃く映し出す役割ももつ。建物の装飾や色使いには地域ごとの伝統が息づき、人々のライフスタイルが反映されている。

　フランスの窓には、「開かれた空間」という概念がある。日本の住まいが閉じた空間を重視するのに対し、フランスでは窓を開き、自然光と風を招き入れることで、外とのつながりを大切にする。暗く長い冬から解放され、太陽の光を浴びたい気持ちがあるからだろう。

　私たちがフランスの窓に憧れを抱くのは、美しさだけでなく、ライフスタイルや精神性に惹かれるからなのかもしれない。窓の向こうに広がる景色、その光と影の織り成す調和。そのすべてが、心を解きほぐし、豊かさとは何かを静かに教えてくれるようだ。

1・2 サン・シル・ラポピーの古い建物で、13世から15世紀にかけてつくられた富豪の家。**3** プロヴァンス地方の鎧戸には雑貨が飾られていた。**4** 邸宅の窓は縦長が多い印象。

055

建物に寄り添うように設計された窓は、景観の一部として息づく。装飾に見える鎧戸の小さな穴にも、実は深い意味が込められていることがある。例えば、アルザス地方では、かつてハート形の穴は、この家に結婚前の娘がいることをそっと伝えていたとか。

A 暖炉を中心にシンメトリーなインテリア。大きな鏡が部屋の奥行きを演出。左の窓からの景色が絶景。壮大な自然の姿が広がる。

04 グラスアーティスト ルチオ＆ローランさん

芸術家がつくりあげた「作品」

古い家を購入後、2人でコツコツとDIYでつくりあげた。ルチオは捨てられたウイスキーやワインの瓶で作品を作る芸術家。その感性を生かした部屋は男性ならではの"作品"。

Chez LUCHIO & LAURENT

繊細なアーティストのルチオとそれを形にするローラン。2人のコンビで、これまでいくつもの家を改装してきた。そしてこの家がまさに彼らの集大成ともいうべき作品に。

アート作品と自然に包まれた
芸術家ふたりの手作りの家

躯体を確認しながら石壁を崩し、水道管や電気配線を設置。再び石を積むそう。下：この部屋のプランを楽しそうに話すローラン。プロ顔負けの道具を揃え、自分たちの家をつくりあげていくのが彼らの最高の楽しみ。

「Bonjour！」

やわらかな笑顔とともに迎えてくれたのは、ルチオとローラン。2人のアーティストが手がけるこの家は、彼らの感性と愛情が息づく特別な空間だった。

「本当は、もっと花が咲き誇る季節に来てもらいたかったんだけどね」

そう言いながらも、家を優しく包み込むように絡むフジやツタに触れる。その動作1つとっても、この場所に息づく自然への愛情を物語っている。

何よりも彼らが誇りに思っているのは、美しいリビングルームからの眺望だ。

目を上げれば、空と溶け合うように広がる丘陵地帯。春にはコルザ（菜の花）が鮮やかに揺れ、夏にはヒマワリが一面を染め上げる。ふと視線を下ろせば、眼下には季節ごとに表情を変える隣村が広がり、時には幻想的な霧に包まれることもあるという。

この静かな村のはずれで、彼らは時間をかけて古い家をよみがえらせていた。3年の歳月をかけ、少しずつ手を加えながら、今もなおその過程を楽しんでいる。

「ここが、最後の部屋さ。もうイメージは固まっているから、あとは手を動かすだけ」

左の写真B。まさか、あの美しいリビングの背後に、こんな舞台裏が隠されているとは、一体誰が想像するだろう。石壁を崩し、電気配線を整え、再び石を積み上げ、壁をつくる。

「壊して、またつくりあげるって、面白いと思わない？」

そう言っていたずらっぽくほほ笑むローランは、美を追求するルチオの良き相棒でもある。

彼らが手を加えるのは、家だけではない。

リビングに優しく灯る照明は、かつて使われていたペリゴール地方の伝統的なカゴを逆さにしたもの。

「古き良きものは、手をかけながら大切に使い続ける」

——それが、彼らの揺るぎない信条なのだ。

フランス人が愛する"ブリコラージュ（DIY）"。

それは単なる作業ではなく、人生に寄り添う大人の遊びなのかもしれない。

フランス人は野鳥が大好き。鳥のモチーフを使った雑貨は男女問わず非常に人気がある。自分たちで直したデスクの上に、ルチオの作品を飾っている。

ここからの景色に一目惚れしてこの地を選んだ2人

左上：石壁はどんな色を合わせても絵になる。4m以上ある高い天井まで、石を貼り直した2人。他の壁の色と相性の良い石を選んだので、シックな雰囲気に。色をうまく取り入れる人がフランスには多い。左下：暖炉を使わない間は、ここにもディスプレイを施す。上：ここから眺める丘の景色が、何よりも好きな2人。特に夏のヒマワリ畑は壮大で、夏にはデッキでアペリティフを楽しむ。

キッチンは印象的な赤と黒を選択。決して派手でなくシックにまとめているのはさすが。

自分たちの手で
つくるからこそ、
お気に入りの空間に

H：ゲストルームは、季節に合わせさまざまなディスプレイを。F：フランスではダブル洗面台が多く、壁面にはお気に入りのタイルを張って楽しむ。機能的でありながらも、どこか優雅さを感じさせる。G：寝ころびながら庭を眺められるよう窓を少し下につけた。

1   2

3   4

作品を生み出すアトリエであり
愛する人と静かに暮らす場所に

　パリの喧騒を離れ、フランスの田舎へ移り住んだのは、ありのままの自然に身を委ね、穏やかに呼吸をしたかったから。

　時間さえあれば、庭の手入れをし、草木のささやきに耳を傾ける。お気に入りのデッキで景色を眺めながらワイングラスを傾けて……。夏の夜は、外でもキャンドルを灯して過ごす。それが彼らにとって、何よりも大切な時間だ。

　庭の一角にあるのは、青色の小さな小屋。

　ここはルチオの秘密のアトリエ。彼の手の中で、使い終えた香水瓶やウイスキーのボトルが新たな命を宿していく。ガラスに吹き込まれるのは、彼の感性と物を慈しむ心。

　"捨てる"のではなく、"生かす"。

　その哲学が、この家の隅々にまで息づいている。

　ふと、ルチオにこんな問いかけをされた。

「君はなぜフランスの田舎に住んでいるの？」

「自然の中で暮らす日々が好き。すでにあるものを大切にしながら暮らすことに、深い喜びを感じる」と私が答えると、「やっぱり田舎はいいよね」と、優しい笑顔が返ってきた。

　ここは、ただの家ではない。時間とともに成熟し、手をかけるたびに深みを増していく。

　それはまるで、彼らの人生のように……。

5

1〜4彼らの憩いの場であるデッキテラス。景色を眺めながら静かに語り合う。5 ルチオの静謐なる隠れ家。扉を開けると、隙間なく並べられた彼の作品たちが語りかけてくるよう。アトリエを囲むスペースには、四季折々の花々が咲き、そこからインスピレーションを受けるという。花の香りに包まれながら、古いものから新しいものへと生まれ変わる。その過程を、このアトリエで垣間見ることができる。

french scenery
フランスの風景

壁の色使いが個性的なカフェ

column

空間のアクセント
フランスの美しい記憶　看板

個性的な看板の1枚1枚から
店のセンスと世界観を感じる

　フランスの街角や小さな村で目にする看板は、どれも個性的でその店の物語を語っているようだ。大手チェーン店の均一なデザインと異なり、それぞれの店がもつ世界観を映し出し、建物や通りの風景と調和しながら存在感を放っている。

　そんな看板や番地が刻まれたアイアンのサインボードは今なお人気があり、部屋のインテリアとしても取り入れられている。

　多くの看板にはアイアンが用いられ、繊細な装飾が施されていることも少なくない。中には店を象徴するシンボルが描かれ、一目でその店の雰囲気や業種を感じ取れるものもあって、飽きることはない。

　さらに、フランスの看板には、美しいフォントや優雅なカリグラフィーが使われ、色使いも慎重に選ばれている。

　看板ひとつをとっても、そこにはフランスらしい美意識と歴史が息づいており、街並みの風景に豊かな表情を与えているのだ。

どの看板もさまざまな趣向を凝らしているのが見て取れ、楽しい気分に。中でも手書きの看板は、色合いや書体にこだわりが感じられ、ぬくもりと味わいを添えている。

05

レンタカー会社役員
オーローさん

パリジェンヌが紡ぐ洗練された住まい

アンティークとモダンが絶妙に溶け合うフレンチシックな空間。2階はシャンブルドットに。パリから移住し、最愛のパートナーと母親とともに、3人で静かに暮らしている。

「もともとはこんな姿だったのよ」。古い家には、当時の写真が残されていることが多い。

Chez AURORE

ココ・シャネルを敬愛し、時代を超えたエレガンスを追求するオーロー。ミニスカートをひるがえし、ヒールをカツカツと響かせながら歩く。猫好きで、2匹の野良猫を育てる。

A 玄関を入ると、まっすぐに延びる廊下の先に、印象的なルネット（明かり取り）を持つ扉がある。フランスの田舎の家では廊下をあまり設けない傾向にあるが、彼女はあえてこの場所をアクセントとして捉え、洗練された空間をつくり出している。

訪れた客人がまず案内されるのは、居心地のよいリビング。テーブルの上には、ビリヤードを模した遊び心のあるキャンドルが並び、それが話のきっかけとなることも多いそう。

ココ・シャネルから受けた影響は
ファッションだけでなく住まいにも

　この家は、300年もの歴史を刻んでいる。かつては地方警察署の事務所として使われ、その後は高齢者施設へと姿を変え、時を経て彼女の手に渡った。
　オーローは、フランスが誇るファッションデザイナー、ココ・シャネルの生き方に深く共鳴し、その哲学をインテリアにも映し込んでいる。アンティークとモダンを絶妙に組み合わせた空間は、時を超えたエレガンスを醸し出し、まるで洗練された物語の一幕のよう。
　「黒にはすべてがある。白も同じ。その美しさは絶対的なもの。それが完璧なハーモニー」というシャネルの言葉を心に刻み、住まいにもその精神が息づく。「アンティークだけでは野暮ったい。今を感じるモダンを取り入れることで、洗練されたバランスが生まれるのよ」
　彼女が情熱を注ぐファッションとインテリア。そのこだわりは暮らしにも反映され、一部屋をまるごと衣装部屋に仕立ててしまうほど。
　ヒールを軽やかに鳴らしながら颯爽と歩くオーローは、洗練された装いとともに、彼女の生き方もまた、しなやかで力強い。

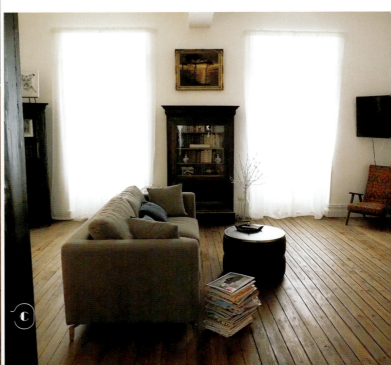

D この一角だけがカントリース タイルなのは、ゲストにぬく もりを感じてもらいたいから。

076

ファミリーの滞在にも心地よい配慮が

上：暖炉のそばは、ただのくつろぎの場ではなく、才能あるアーティストたちの作品が彩る特別な空間。下：ゲストルームのマントルピースは、炉棚の部分を巧みに活かし、ディスプレイスペースとして生まれ変わらせた。

シャネルの哲学が息づくゲストルーム

白と黒のコントラストが美しい洗面所。洗練されたモノトーンで統一され、洗面台の備品も黒で揃えている。どの部屋も同じデザイン。天井はあたたかみのある白熱灯。シャワールームもシンプルながら機能美とエレガンスが調和し、シャネルのエスプリが宿る優雅な空間。

シンプルに紡ぐ
優雅な空間

ゲストルームは木目のぬくもりが漂う、落ち着いた空間。その中にさりげなく遊び心を加え、形がユニークなソファや照明、洗練されたアンティーク家具を巧みに配置している。石壁の部屋は心地よいぬくもりを感じさせ、白壁の部屋はシンプルで洗練された印象を与えるように、細部にまでこだわりを込めて設計されている。一方で、ゲストの子どもたちが自由に遊ぶスペースも用意されている。

アーティスティックな空間の中で

　レンタカー関係の仕事を持つ彼女は、全国を駆け巡り、時にはモロッコへも足を延ばす。移動の多い日々の中でも、凛とした美しさと自信に満ちた佇まいを崩すことはない。まさに、現代を生きるエレガントなキャリアウーマンといえるだろう。

　そんな彼女が今、最も関心を寄せているのが新進のアーティストたち。自身の住まいを単なる家ではなく、文化が息づく場所として開放し、2階の部屋をギャラリーとして貸し出し、年に数回、若き芸術家たちの個展が開かれる。アートへの深い愛情が、彼女の空間をより一層豊かなものへと昇華させている。

　私が最も心惹かれるコーナーは、あふれそうなほどに高く積み重ねられた古書の山。その絶妙な無造作さが、白と黒の空間に一輪の花を咲かせたかのように感じられる。こんなアーティスティックな一面を持つ彼女だからこそ、アーティストたちを心から応援したいという気持ちが自然と湧き上がるのだろう。

　オーローならではのインテリアは、他の誰とも異なり、独自の魅力を放っている。古さと新しさ、どちらの美も愛するオーローだからこそ、その独自の世界観が形作られていったのだろう。

　また、彼女は日本文化に深い敬意をもっている女性。日本の「禅」は、フランス人たちに非常に魅力的に映るようで、憧れの気持ちを募らせてくれている。

2

1 この廊下は、イベントの際にはギャラリーとしても機能する大切な場所。2 かつて留置所として使われていたという歴史を持つ。長い年月を経た建物には、驚きの場所が隠れていることも。ここは今では物置として利用されている。

french scenery
フランスの風景

ラベンダーと時を重ねた石壁

[column]
DIYで彩る私の暮らし
Bricolage＝自分で作る

Couture

自分の思い描いた家にするにはぴったりのカーテンやベッドカバーが必要。どこから吊るすかドレープの量や長さを確認しながら作る時間が楽しい。お気に入りの生地店探しも欠かせない。

Vannerie

雑貨への思いが高じて、気づけば自分で会社を立ち上げていた私。数々の職人の手によって生まれる美しいカゴを目の当たりにするうちに、その魅力に引き寄せられ、自分でも作り始めている。

Potager à la française

年が明けると、畑づくりは種まきから始まる。まずは土壌の改良に取り組み、少しずつ畑のスペースを広げていった。年間で食べる野菜を育てることが目標。

Fabrication de confiture

庭や畑で採れた果物や花から作るコンフィチュール（ジャム）も保存食の一種。季節ごとの香りと味を瓶に閉じ込め、いつでも旬の味を楽しむことができる。

Légumes lacto-fermentés

採れ過ぎた野菜を保存するため、発酵野菜も作る。私が住む地方はかつて雪深く、冬場に新鮮な野菜を手に入れるのが難しかったため、この習慣が根付いている。

06 有閑マダム Xさん

納屋から生まれ変わった理想の邸宅

メアリー(p.44)の友人であるマダムの深い情熱から生まれた美しい邸宅。複雑な構造のうえ、あまりに広いため、正確な間取りもわからなかったほど。3世代5人家族が暮らす。

Chez un Anonyme

メアリーから「素敵な家があるのよ」と連れてきてもらった邸宅。「ヨーロッパの美しい家」のひとつに選ばれたこともあるが、限られた人しか訪れることができない。

A 広々としたリビングには、先代の所有者から伝わる美しいオブジェもたくさん飾られる。

088

旅する心が生んだ、美しき隠れ家

上:納屋の頃からの古く立派な梁は、今もなお家を支えている。床は多くの旅をしてきたマダムが選んだ素朴な素材。ひとりの女性の思いが息づき、時を超えて新たな持ち主へと受け継がれ、物語はこれからも続く。下:ゲストルームにはアジサイを添えて。窓の外に見えるアイアンの装飾が美しい背景に。

　ある日のこと。この家の所有者となるマダムは、田舎道を歩いている途中、荒れ果てた一軒の納屋に出会った。そして、物語が始まった。ボロボロに朽ち果てた納屋ではあったが、彼女の目にはそれが単なる廃屋には映らず、むしろ、そこに秘められた可能性に心を奪われ、人生のすべてを捧げることを決意する。

　地元の職人とともに時間をかけて築き上げた家は、彼女の夢そのもの。キッチンとバスルームには、その情熱が注ぎ込まれ、伝統的なタデラクト工法を用いた壁が美しい光を宿している。タデラクト工法とは、モロッコのマラケシュを中心とする地域に伝統的に伝わる左官仕上げの工法で、漆喰仕上げの一種。独特の質感を持つその壁は、彼女がモロッコで感じた異国の風を、この家の中にそっと吹き込んでいる。旅を愛し、さまざまな土地を巡るなかで、とりわけ心を寄せたのがモロッコだった。

　もともと納屋には古い家からの廃材が残されていて、その中に眠っていたすり減った土のタイルにも目を留める。彼女はそれらを再利用しながら、決して自分のビジョンからぶれることなく、唯一無二の空間をつくりあげていったのだ。

　インドを旅した際に受けたインスピレーションも随所にちりばめられ、異国のエッセンスを繊細に織り交ぜながらも、一貫した美意識が貫かれた邸宅である。

Ⓑ 母屋のキッチンは、タデラクト工法による滑らかな仕上げ。設備は最新式のものを選択。

E 息子・夫婦のキッチンには、世界各地で出会ったオブジェが、空間に個性と彩りを添える。

布が奏でる優雅なひととき

　フランスのカーテンは、日本よりも心地よい自由を宿しているようだ。窓に取り付けるのではなく、天井からたっぷりと布を垂らすことが多い。流れるような優雅なドレープを楽しむためだ。やわらかな色彩とドレープから生み出されるカーテンの揺らぎは、部屋に繊細な光のグラデーションを生み出し、心を穏やかに包み込んでくれている。

　布は単に光を遮るだけのものではなく、空間を豊かにする重要な存在として主役にもなり得る。この考え方は、日本の住まいでも積極的に取り入れてほしいところである。

　さりげなく施された部屋の段差は、単なる空間の区切りではない。部屋そのものを味わうための工夫だ。

　寝室だけでなく、お風呂やトイレにも、すべてが統一された優しいトーンが広がっていた。この穏やかで洗練された空間は、オーナーたち3世代の家族にとっても、心から安らげる場所なのだろう。

上：シンプルなベッドルームに、カーテンと天蓋のレースが優雅な時間に変えてくれる。下：タデラクト工法によってつくられたシンプルなバスルームや収納棚。漆喰のよさを存分に味わえ、ここなら優雅なバスタイムが送れそう。

A：メインのリビング。家族で集まり音楽を聴いて過ごすそう。D：まさにモロッコとフランスのインテリアを融合させた階段。G：ゲストルームはバンブーのカーテンレールに布を絡ませて。E：常に花を欠かさず飾るのがモットー。F：独立した書斎の空間。光と影のバランスが完璧であり、心に深く響く美しさを感じる。

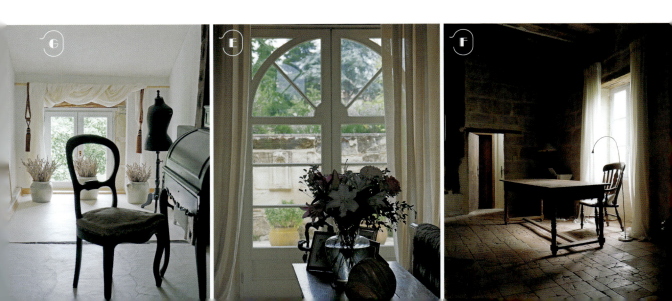

訪れたのは、夏の終わりの頃。バラの花はすでにその時を終え、かわりに柏葉アジサイが美しく咲いていた。

庭もまた特別な存在。キッチンの窓と屋根付きのテラスからは、ポプラ並木と噴水の道がロマンチックに広がり、まるで映画の一場面のような景色を楽しむことができる。歴代の所有者が築いた世界観を尊重しながらも、自分たちの感性で選び抜いた芸術作品を加え、新たなスタイルを紡ぎ出す。

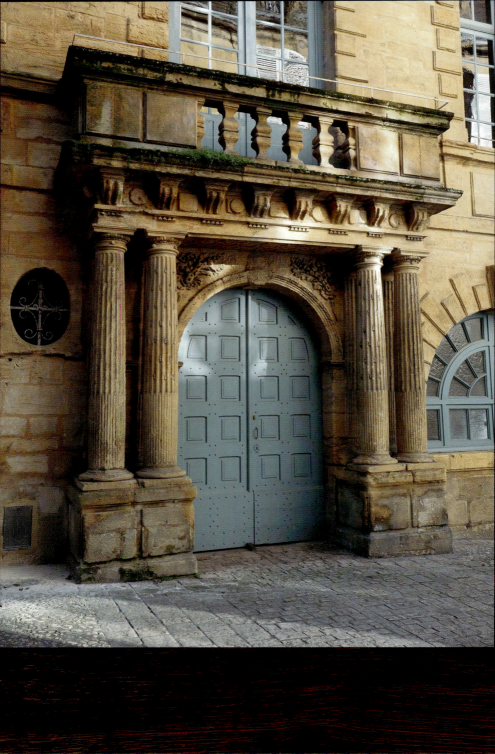

フランスの扉はこだわり抜かれ
画一的なデザインが少ない

　フランスの扉は、美しいデザインと独自の個性で街並みに彩りを添える。色や装飾、形状にはこだわりが詰まっており、単なる出入り口ではなく、その家の個性や住む人のスタイルを表現する重要な要素となっている。特に歴史ある邸宅では、重厚で意匠を凝らした扉がそのまま残され、長い年月を経た趣が漂う。かつて職人の手によって丁寧に作られたものが今もなお受け継がれ、その美しさは時代を超えて愛されている。

　特徴といえば、細部へのこだわりだろう。取っ手ひとつをとっても、遊び心にあふれたものが多く、人の手をかたどったもの、植物のモチーフをあしらったものなど、個性的なデザインが豊富である。鍵穴の装飾にまでこだわりが感じられ、どこかロマンチックな空気を漂わせているのも魅力のひとつ。

　扉の色は家の外観に大きく影響を与えるため、住む地域の建物や景観に調和するよう慎重に選ばれている。深みのあるグリーンや落ち着いたブルー、シックなグレー、時には鮮やかな赤など、家の個性を引き立てながらも、街全体と美しい調和を保っている。扉の色を変えるだけで住まいの印象を大きく変えられることから、定期的に塗り替える人も多い。

　玄関扉はその家の「顔」としての役割を果たし、住む人のセンスやこだわりを映し出す存在でもある。単なる機能性を超え、ディテールにこだわることで、フランスならではの洗練された美意識が感じられるのだ。

それぞれの家に合わせた扉が設置され、外壁と扉の色の相性のよさを感じずにはいられない。明るい色合いは南仏でよく見かけるが、雪深い地域でも鮮明な赤を見つけることも。

く個性的
美しい記憶　扉

それぞれに趣向を凝らした扉は、そのどれもが印象的。アイアンの扉飾りや手描きされたイラスト、花やグリーンをまとわせたものなど、住まう人たちの暮らしぶりがよくわかる。扉とは家の「顔」であると改めて感じる。

Le chic français

最後にご紹介するのはパリから車で約5時間、
小さな村にある私のアトリエ。
フランス人は、子供の頃から住んでいた家を
深く大切にする傾向があり
たとえ都会に住んでいても、年齢を重ねるに
つれて田舎に戻る人が少なくない。
そのため、家を何軒も所有する家庭が多く
両親の家を引き継ぐことも一般的である。
私の義理の娘たちも、都会に住む気はなく
パートナーとともに田舎に根を下ろしている。
わが家は現在改装中だが
160年もの歴史を持つ家であり
夫と二人三脚で少しずつ手を加えている。

私が一からデザインを考え
職人たちと心を通わせながら形づくった
このアトリエを、お披露目したい。

07 旅作家 木蓮

フランスの田舎暮らしを楽しむ古い建物

荒れていた築160年の修道士の住まいを、2階、3階を居住空間、1階を撮影用アトリエに改装。家の中にポイントとなる螺旋（らせん）階段を設置し、明るい室内へと変貌させた。

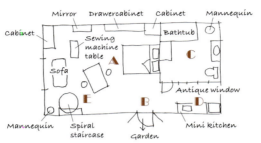

まるでグリム童話に出てくるような三角屋根に煙突。村の頂のその古い邸宅は、築160年を超え、かつて修道士が暮らしていた歴史を持つ。3階には今もその名残があり、静謐（せいひつ）な時間の流れを感じさせる。

後にこの地で名高いフォアグラ工場のオーナーが買い取り、その子孫から受け継ぐこととなったが、外観の重厚さとは裏腹に内部は荒れ果てていた。間取りも使いづらく、光がほとんど差し込まない。何よりも危険だったのは、部屋の一番奥にある細い階段であった。このままでは日常の昇降すらままならないため、新たに螺旋階段を設けることにした。

床にはもともと美しい石材が張られていたが、百年を超える年月で摩耗して滑りやすくなっていたため、惜しみつつも新たに張り替えることを決意した。

古い石の家の改修には、これまで培った知識と経験を総動員してもなお課題が尽きないもの。職人たちの助言を仰ぎながら1つひとつ解決していった。

石造りの家は、保温性・冷却性に優れ、一定の温度を保つ役割を果たす。しかし気密性には難があり、暮らしながらの試行錯誤は避けられない。それでも、この家の歴史のバトンを受け継ぎ、新たな時を刻んでいけるよう、持てる限りの知識と情熱を注ぎ込んだ。

 改装は梁（はり）の研磨から開始。砂を使い、年月を重ねた木材に新たな輝きを与え、暖炉やキッチンの重量に耐えうる強度を確保するため、鉄の補強材を幾本も組み込み、構造を安定させた。

改装を施した撮影用のアトリエ。日本ではなかなか目にしない厚さ60cmの石壁は、そのままの風合いを生かすことに。写真上の奥、カーテンがかかった窓は、コンサバトリーへと続く扉に改装する予定だ。

１階のアトリエは
アンティークのベッドが主役

アトリエでは、友人たちとともに料理やお菓子を作りながら撮影を行うという夢を実現するため、ミニキッチンを完備している。淡いブルーを基調としたインテリアで統一し、落ち着いた雰囲気を心がけた。

布は、カーテン、カーペット、ベッドカバー、テーブルクロスなど、広い面積を占めるため、部屋の印象を一新する力を持っている。そのため、ベッドカバーやテーブルクロスは撮影のテーマに合わせて変更できるよう、色違いなどいくつものパターンで作っている。

幼少期にこの家で遊んでいたという村の人々と食卓を囲むと、「あの家がこれほど生まれ変わるとは」と、驚きと感嘆の声が上がる。Bはアトリエの入り口。ブロカントで偶然見つけた馬車の車輪を飾り、田舎の趣を演出。春になると、庭には色とりどりのチューリップが咲き誇り、部屋からの眺めもひときわ美しくなる。室内の随所には、ブロカントで集めたアンティークを飾り、季節や気分に合わせた模様替えを楽しんでいる。Cは以前からあったお風呂場を改装したバスルームとトイレ。新たに設えた壁には、あえて穴をあけ、そこにアンティークの窓をはめ込み、空間に趣と奥行きをもたらした。

レトロな家電は古い家にぴったり

　私は日本でキッチンデザインを手がけていた頃から、SMEG（イタリアのキッチン家電メーカー）の家電に魅了されていた。レトロなフォルムと洗練された色使いにぬくもりを感じ、長年憧れの存在であった。
　実際に使ってみると、その機能性の高さに驚かされる。デザイン性と実用性を兼ね備えたSMEGは、フランスの住まいにも違和感なく溶け込み、周りのアンティーク家具とも調和性が高い。
　ガスコンロやレンジフードもSMEG。美しさと実用性が両立し、手入れのしやすさにも優れている。

アイランドキッチンの天板はパンやパイ生地をこねやすいよう大理石を採用。天板にはコンセントを設置し、キッチンでの作業効率を高めた。陶磁器職人にオーダーした照明シェードは、繊細なフォルムと柔らかな光が上質なぬくもりを演出。

暗かったキッチンはクリーム色を基調にデザイン。梁はそのままアクセントとして残し、歴史の重みを引き継いだ。

一番のこだわりは空間をつなぐ螺旋階段

　細い階段を取り払い、3階まで続く螺旋階段のデザインを若き職人に依頼。何度も打ち合わせを重ね、最終的にステップには木材の使用を選択。職人親子がたった2日で組み上げたことには心から感動。この螺旋階段は、居住空間に圧倒的な存在感をもたらしている。

螺旋階段は3階の屋根裏部屋まで優雅に続く。このデザインに最後までこだわり抜いたのは職人であり、彼が手掛けた美しい形状は、完成までに多くの試練を伴ったに違いない。屋根裏部屋は1つひとつ丁寧に手を加え、DIYで仕上げた特別な空間である。

私がインスピレーションを受けたもの

古い石造りの家の改装は、フランス各地の美に触れ、影響を受けたものである。

陶磁器博物館
Musée de la Faïence（プロヴァンス地方）の壁

陶器の美術館ではあまり目にしない大胆な壁面の色使いに、思わず息をのんだ。ムスティエ焼きの素朴な美しさが、この壁に鮮やかに映え、誰もが足を止めてしまう。

ギュスターヴ・モロー美術館
Musée Gustave Moreau（パリ）の螺旋階段

この美しい螺旋階段に魅了され、何度も足を運ぶ人々が絶えない美術館。自宅でここまでの装飾を施すのは難しいが、そこから得られるインスピレーションは計り知れない。

Epilogue

この本を通じて、読者の皆さまとともに、個性豊かで美しい家々を巡る旅をしてきた。
それぞれの空間には、持ち主の思いが込められ、時の流れとともに紡がれた物語が静かに息づいている。

インテリアとは、単なる装飾ではなく、そこで暮らす人々の個性や価値観を映し出すもの。
フランスのエスプリが息づく洗練された空間、心を解きほぐすようなぬくもりに満ちたコーナー、古きものと新しきものが調和する心地よいリビング——どの部屋にも共通するのは、住まう人が家を慈しみ、愛情を持って整えた場所であるということ。

あなたの部屋にも、きっとあなたらしいストーリーがあるはずだ。
大がかりなDIYをしなくとも、少しの工夫で新たな風を吹き込み、住まいをより豊かなものへと変えることができる。この本が、そんな小さな変化のきっかけとなれば幸いである。

部屋は、私たちの心を映し出すキャンバスだ。
お気に入りの色を選び、心地よい素材に触れ、大切なものをそばに置くことで、日々の暮らしはより輝きを増していく。
私たち自身もまた、自らの暮らしを映す鏡を磨きながら、住まいがより一層、自分らしさを語る場所となるよう、丁寧に育んでいきたい。

最後に、この本に関わってくださったすべての方々へ、心からの感謝を捧げたい。
特に、取材のサポートをしてくれた佳代子さん、メアリー、そしてデザイナーの藤崎さん、山本さん、編集の高橋さん——みなさんの尽力がなければ、この一冊は完成しなかった。
ともに旅をし、ともに語り合い、たくさんの美しい瞬間を共有できたことに、心から感謝している。

ページをめくるたびに、この本を形作ったすべての思いが伝わることを願いながら——。

木蓮

2000年にフランス人の夫との結婚を機に渡仏し、同国中央部オーヴェルニュ地方の小さな村に在住。フランス各地を訪れ、美しい景色や村人とのエピソードを各媒体で紹介。現在は旅行企画、執筆、撮影を行う。2023年に雑貨会社「Les Bleuets」を設立。インテリアショップ店長の経験を活かし、ストーリー性ある品々を日本に届ける。フランスの田舎暮らしをWEB雑誌「Salon Rustique」で紹介中。

Instagram @france_mokuren、@france_bleuets
Blog https://ameblo.jp/petit-village-france
Les Bleuets https://bleuets-france.com
Salon Rustique https://www.salon-rustique.com

フレンチシックなインテリア

著　者　木蓮
編集人　束田卓郎
発行人　殿塚郁夫
発行所　株式会社 主婦と生活社
　　　　〒104-8357 東京都中央区京橋3-5-7
　　　　https://www.shufu.co.jp/
　　　　編集部 03-3563-5129
　　　　販売部 03-3563-5121
　　　　生産部 03-3563-5125
製版所　東京カラーフォト・プロセス株式会社
印刷所　TOPPANクロレ株式会社
製本所　株式会社若林製本工場

staff

写真・文　　木蓮
AD　　　　藤崎良嗣　pond inc.
デザイン　　山本倫子　pond inc.
間取り絵　　楠 のぶお
校正　　　　福島啓子
編集　　　　高橋 薫

ISBN978-4-391-16442-8

※本書の情報は2025年2月現在のものです。

十分に気をつけながら造本しておりますが、万一、乱丁・落丁その他の不良品がありました場合には、お買い上げになった書店か、小社生産部へお申し出ください。お取り替えさせていただきます。

®本書を無断で複写複製（電子化を含む）することは、著作権法上の例外を除き、禁じられています。本書をコピーされる場合は、事前に日本複製権センター（JRRC）の許諾を受けてください。
また、本書を代行業者などの第三者に依頼してスキャンやデジタル化することは、たとえ個人や家庭内の利用であっても一切認められておりません。

JRRC（https://jrrc.or.jp/ eメール：jrrc_info@jrrc.or.jp TEL03-6809-1281）

©Mokuren 2025 Printed in Japan